La Cigale
& autres douceurs

DU MÊME AUTEUR :

Il faut sauver la tendresse
Books on Demand, 2011.

En vrac et en douleur
En réimpression.

Enfin bref
En préparation.

Anna-Sylvia Tendron

La Cigale
& autres douceurs

Couverture : *Vivaldi, les quatre saisons,*
peinture acrylique de Anna-Sylvia Tendron
(droits réservés)

© 2011. Anna-Sylvia Tendron.

ISBN 978 2 8106224 81

et il dit :
*Que veux-tu,
tu as laissé tomber le bonheur.
J'essaie d'en recueillir les débris.*

Une année particulière

Vous souvenez-vous madame, de cette année lumière ?

Vous souvenez-vous de cette *bande des 13*, compagnons d'infortune qui ont sous votre bannière de fleurs et de soleil, dépassé leur misérable condition et trouvé une certaine grandeur que tant d'autres responsables de pacotille, s'ingéniaient à maintenir en état de dépendance morale et pécuniaire. Eternelle redevance de ceux qui ne savent pas être assez méchants pour penser que sans eux, ces bouffons-baudruches ne sont rien ! Mais le hasard parfois se charge de la providence pour relever avec des êtres-bonheurs l'indigence humaine.

Vous souvenez-vous Madame, qu'à la fin de cette année si particulière, des larmes au bord des yeux, vous m'avez offert ce grandiose cadeau, que sur le chemin de ma quarantaine déjà bien avancée, je recevais pour la première fois : la reconnaissance, avec ces mots qui vous venaient du cœur et tremblaient sur vos lèvres :

Cette année sera la vôtre, celle de Anna-Sylvia et ici on ne l'oubliera jamais. Moi ma Cigale, ma tendre interrogation, je n'ai rien oublié de ces moments rares, précieux qui m'ont aidé à continuer ma route.

Merci ma Cigale, du fond du temps merci !

Vous souvenez-vous madame, que vous étiez ma Cigale qui chantait avec ses mains ?

Comme une évidence, ce nom m'était monté du cœur, et il vous allait si bien ! Je me souviens du sourire malin dans vos yeux, de cet accord tacite que me renvoyait ce sourire.

Cette année-là fut une des plus belles qu'il m'ait été donné de vivre dans ma vie de grande personne. Déconcertée, malhabile, je sortais enfin d'une certaine solitude…

Toutes les personnes que j'ai eu le bonheur de rencontrer dans ce centre de formation pour adulte, du directeur qui ne se prenait jamais au sérieux, dont l'intelligence du cœur nous transformait tous en spécimen irremplaçable, du plus humble des employés, en passant par le personnel médical, docteurs, infirmières, jusqu'à mes chères professeurs femmes incomparables, tous m'ont accordé de vivre ces mois de formation comme une parenthèse de liberté totale, magnifique ! J'avais enfin le droit de faire selon mon cœur, selon mes besoins profonds, et parole, je l'ai fait sans compter ! Mon âme débordait de sa vie. Il n'y a pas de hasard ? A moins qu'il ne porte d'autres noms ?

Alors, en apprenant malgré tout les rudiments de la décoration florale avec un minimum d'intérêt, puisque j'étais là pour ça, je passais un temps béni à écrire à plume déployée, les sensations, les sentiments que m'inspiraient mes compagnons de stage, mes professeurs, leurs leçons, les absences, les départs, le comportement des uns et des autres, sans oublier les paysages et le décor de ce beau sud-ouest de notre France.

Bien qu'ayant perdu la plupart de ces écrits, voici quelques uns de ces souvenirs que le temps n'abîmera jamais et que mes pensées rajeunissent encore et encore, mais cela n'est-il pas le moindre arrangement que l'on puisse accorder à nos plus beaux moments ?

Les premiers jours...

Elle est brune, minuscule, jolie, et c'est une maîtresse d'école pour grandes personnes ; ses yeux sont deux îles, des arbres verts dedans qui se penchent sur une eau bleue tout autour. Elle nous regarde avec l'air de vouloir fuir, elle est jeune ! Plus jeune que le plus jeune des énergumènes qu'elle va devoir transformer en savant. Je la plains sincèrement car, en ce qui me concerne, il y a mille ans et quelques mois, que j'ai renoncé à la règle de trois, au présent du subjonctif, aux fractions et à tout ce qui entoure le mystère des dates historiques ; ma mémoire entre deux a dû faire le tri, se soulageant du superflu pour ne garder que l'indispensable... Bref !

D'instinct, ce premier jour, je me suis assise au fond de la classe, mémoire de l'enfance blottie au creux de l'âme, sentinelle de notre essentiel, qui ne cède devant aucun destin ! Assez extraordinaire pourtant ce reflexe, car je n'étais pas une enfant indisciplinée, seulement égarée entre rêve et réalité ; je me souviens que je regardais le ciel, les nuages poussés par le vent, les arbres agités, les toits des maisons... c'est vrai que j'avais tendance à négliger certaines matières en me réfugiant dans une saine rêverie que les adultes dans l'ensemble, hésitaient à interrompre. Pour eux, je crois que la question ne se posait même pas ! je n'ai jamais cherché à savoir pourquoi d'ailleurs… quoique ? Il suffisait de se comprendre peut-être ?

J'écoute d'une oreille déjà distraite les premières palabres de mise en route : d'accord, bien sur, pourquoi pas… Mon œil évadé suit le manège continu d'un couple de moineaux nouveaux mariés de ce printemps ; par mon manque d'attention je suis la seule, bien évidemment, à avoir remarqué cette cohabitation inattendue, cela me transporte et m'amuse follement… pendant un certain temps ce couple de volatile va soutenir notre envie d'être là. Nous suivrons inquiets, les péripéties des futurs parents et vivrons avec eux le bonheur de la naissance, mais les moineaux n'y verrons que du feu !

En attendant, le printemps fait la fine bouche. Imperturbables les oiseaux chargés de brindilles et autres matériaux, ont l'air de se donner un mal de chien en aller-retour, pour rénover un nid d'époque incertaine : celui-ci tient d'une tour de Pise qui aurait subit un bombardement… et prétend dégringoler du mauvais coté, coté qui se trouve être notre classe. Avec tout ce remue-ménage, et la voix douce de ma maitresse d'école qui berce ma satisfaction rêveuse, je suis comme un poisson dans l'eau !

Dans un délire fantaisiste, j'imagine en riant, ce qui ne manque pas d'attirer certains regards interrogateurs sur ma personne, pouvoir leur donner un coup de main à défaut de bec, mais sûrement qu'ils n'apprécieraient pas mon intrusion dans leur duo de tendresse rénovatrice de nid d'occasion… l'essentiel se passe là, à portée de nos regards, accessible à nos cœurs blessés… juste faire abstraction des deux mètres qui nous séparent de nos squatteurs amoureux, juste se laisser convaincre par la beauté de ces instants.

Intrigués les parents bâtisseurs se sont posés sur le bord de la fenêtre et nous contemplent, perplexes. Je crois qu'ils viennent juste de s'apercevoir que nous occupons l'étage en-dessous et qu'ils se disent :

Il va falloir faire avec… comme il y a si longtemps qu'ils font avec, ils reprennent leur activité, sans plus se soucier de nous.

Je voudrais qu'il fasse beau jusqu'à la fin des temps ! Et même au pays des caribous. Qu'il y ait un besoin urgent de logements pour oiseaux de tous acabits, des piafs sur les rebords de toutes fenêtres de la planète, qui nous cacateraient sur le crâne, et personne n'aurait le droit de se plaindre. Pour l'heure, je redescends sur la dite planète où la *bande des 13* se coltine les explications ardues de notre jolie première professeur qui, en y regardant de plus près, donne l'impression, ce premier jour, d'être aussi perdue que nous tous. J'aime beaucoup !

Le crépuscule se devine, mes oiseaux se reposent… un éclat de rire ô combien apostrophant, me ramène à la réalité d'ici bas, dans un sursaut qui manque me décrocher le cœur : il faut se dire à demain !

Un dernier coup d'œil vers mes piafs tranquilles…

Ça ressemblait à du bonheur !

Passe le temps…

Ce premier matin du premier jour, il paraît que les choses sérieuses doivent commencer…

Mais avant tout, nous devons réapprendre le réveil matinal : l'inactivité forcée entretient la grasse matinée ! Nous donnons mes camarades et moi-même j'en suis sûre, la vision surprenante d'individus venant d'être extirpés sans ménagements de leur sommeil, par une lumière brutale ; nous avons, dans l'ensemble, un air ahuri, le cheveu hirsute, le regard incertain et pour quelques uns des bâillements inopportuns qui démontrent que la nuit fut trop courte.

En tendant, malgré mon abrutissement, une oreille curieuse, j'apprends que pour ce jour justement, il sera question de surfaces, de rectangles, de carrés… une étude qui remonte à des temps d'avant le déluge ! Notre maîtresse d'école déborde de bonne volonté, mais je me demande quant à moi, si elle y croit elle, à la nécessité de connaître la façon nébuleuse de se fabriquer des problèmes pour obtenir un résultat hasardeux que certains affirment exact ! Tant mieux pour eux !

En regardant le visage de mes chers compagnons de route, je suis presque certaine que nos compréhensions réciproques se valent.

Mais alors ! Qu'est-ce que je l'aime son sourire à ma prof', et sa façon d'être, un peu désuète, son air mélancolique… elle ne sait pas, dommage, que dans ces instants fugaces, précieux, elle est très belle, différente. Je voudrais pouvoir arrêter le temps, juste les secondes que dure l'image entrevue, mais il faut que mes rêves restent à la mesure de la réalité, je dois légalement me faire un peu oublier : étant au fait de toutes mes extravagances, je me méfie. Je suis une femme andouillée toute bien tassée, amalgamée dans une peau transparente parfaitement indiscrète ; tout est bon chez elle… il n'y a que le cœur et la tête qui compliquent ! A écarter pour la tranquillité de tous ! Voilà !

Je reviens à la surface du rectangle : pour trente cinq minutes encore, je veux bien faire plaisir à ma douce.

Mes oiseaux se parlent, des cuis-cuis lancés sans réserve, que peuvent-ils se dire ? Se promettre ? Se mentir ? C'est beau comme un tableau vivant, œuvre d'un artiste de génie, mais interdit de pénétrer ! Seulement regarder, écouter ! Et peut-être un jour tu entreras dans la lumière.

Fin d'un jour aux heures laborieuses, le ciel est allé chercher je ne sais où quelques nuages blanc-gris, le soleil s'en accommode, tant mieux !

Les jours se suivront, avec chaque matin le bonheur, qui au milieu de nous installera son aire de jeux, dont nul ne sera exclu… jamais.

Et des jours…

Je suis sur mon bateau et bien loin de ce qui se raconte en cet instant. Mais nul ne vient me demander de comptes, et si, de temps en temps ma Belle, la brune, me regarde en essayant de comprendre, elle sera la première à me laisser voguer sur mes nuages, sans chercher querelle, sans complications ni reproches, même après bien des jours, lorsqu'elle sera fatiguée de nous répéter le fondement fâcheux des mathématiques, et que j'aurais l'outrecuidance de lui parler du haut de ma planète de laquelle j'avais exclus tout espèces de chiffres, de la couleur du ciel qui avec la pluie faisait l'andouille et singeait celui de ma Normandie, de la vie derrière les portes closes à cause desquelles j'inventais des histoires à dormir debout ! Je lui parlais des autres, de l'amour, de nous, du petit poucet et de ses cailloux semés pour retrouver sa maison. Son regard ne montrera qu'encouragement et tendresse… et la fatigue la rendait si belle… si belle.

Bonne augure ! Le printemps est revenu, quel bonheur ! Les oiseaux là-haut se bataillent allègrement, peut-être un désaccord passager quant à l'agencement de leur home ? Je suis tranquille et pour cause, madame aura le dernier mot… Pourquoi voudriez-vous qu'il en soit autrement, d'abord !

Je découvre un peu mieux les personnes qui m'entourent et qui seront mes aimables compagnons durant cette fameuse année qui nous rendra tous tellement heureux. Je survole leurs apparences. Un jour je les aimerai, sans avoir les réponses à toutes mes questions… qu'importe.

Ils me feront toutes les concessions, m'accorderont tous les faire-valoir sans la moindre hésitation, et simplement, ils me rendront cet amour au centuple, m'offriront une affection indéfectible… mais nous ne le savons pas encore…

C'est bon nos différences, je les décortique avec délectation !

Plus de bon que de mauvais. Le mauvais c'est forcément pour camoufler le meilleur, comme ces pommes de mon pays normand, qu'enfants nous volions à grand renfort de rires et d'encouragements peureux.

Ces pommes tavelées, fripées, mais dont je n'ai jamais retrouvé le goût sans pareil !

J'ai le palais nostalgique, ma salive prend ce parfum d'antan… Je m'éloigne, je m'éloigne, facheuse habitude, mais c'est facile et tellement doux !... Ces fruits ! Il n'était pas question de les peler misère ! Tout était bon, jusqu'au trognon qui nous servait de dessert ; les apparences, là aussi, ne trompaient que ceux qui s'étaient fait le malheur saugrenu de jouer les fines gueules ; il est vrai que de temps à autre, nous n'étions pas les premiers arrivants, la succulente normande servait d'habitation à un ver gastronome, ou à une mouche végétarienne, et même parfois à toute une famille de nomades. Sûr ! Le snobisme chez ces gens là, ça n'existe pas…

Depuis hier des pépiements nombreux annoncent que les

oisillons sont nés, là-haut dans ce nid forteresse de paille, de plumes, de fil et d'amour, fait pour durer je vous le dis ! C'est du léger-solide, accroché à rien, posé en équilibre précaire et de toute urgence pour cause de maternité incontournable.

Nous, un peu plus bas, on fait semblant d'apprendre à savoir… Ça viendra ! Et des mains de mes amis et amies naîtrons de fabuleuses compositions florales, ainsi que beaucoup d'autres merveilles dont certaines n'appartiendront qu'à nous.…

Nous revoilà…

Nous revoilà, eux, moi, nous, plus les ultras-légers, et sur l'estrade… un tas de végétaux et de fleurs, avec, posé au milieu, un monsieur, comme un marié esseulé sur une pièce montée.

Le printemps s'est absenté pour la journée. J'enfile une paire de souliers à mon âme vagabonde et je m'esquive doucement. J'accroche au passage un regard mi-figue mi-raisin sur le monsieur décontracté qui trône sur sa prairie, m'interrogeant malgré tout sur la raison de ce fatras.

Mise en route, mise en place, normalement rien à signaler… mais voilà ma Douce qui nous annonce :

Aujourd'hui nous allons assister à une conférence sur les métiers de l'art floral et admirer la dextérité d'artisans dans l'exercice de leur fonction, venus exprès pour nous, afin de vous motiver et de vous soutenir pour avoir choisi cette direction professionnelle… incongrue pour certains d'entres nous, mais poussés dans cette voie, par ces fameux psycho-orienteurs de tous poils, mais ça, elle n'ose pas le dire.

Nous apprendrons par la même occasion, qu'il va nous falloir ingurgiter plus de trois cent noms de plantes, de fleurs et autres végétaux, et tout cela, en latin, ce qui nous paraît déjà impossible en français !

Cette brutale révélation provoque une onde de refroidissement sur le groupe, accompagnée d'un murmure de mécontentement persistant. Je suis fort mal à l'aise que cette réaction négative se manifeste devant l'artiste fleuriste qui venait de se lancer dans sa démonstration et terminait stoïquement la fabrication d'un magnifique bouquet rond !

Du coup, je me mets à applaudir à m'en faire éclater les phalanges, rappelant à la décence mes chers compagnons pour la joie du monsieur sur l'estrade qui nous renvoie un sourire géant.

Après congés...

Cette première période de remise à niveau avant formation continue... on nous la rallonge pour cause de retard scolaire ! Tu parles ! Mes oiseaux sont partis, le nid déserté nous inflige un silence désenchanté, notre absence fut longue. Je me joue le retour grincheux....

Ma Douce nous donne tout de suite le ton. Armée de son sourire et de sa grâce habituelle avec l'air de ne pas y toucher elle nous invite, c'est marrant, à savoir que deux cent kilos de blé agrémentés de dix-huit pour cent de courant d'air cela doit nous donner cent et quelques kilos de farine. Elle abandonne donc le carré pour nous refiler gentiment le casse-tête des pourcentages : les mauvaises habitudes se prennent vite !

Réflexion faite, j'irais bien me balader, mais le ciel se tient au gris blanc-cassé et menace de s'en prendre à tout ce qui bouge !

Résignée, je l'écoute ma Douce, elle nous embarque encore dans des raisonnements incontournables et en plus elle a raison ! Je dois lui donner l'impression d'être une incurable abrutie, pourtant quand elle me regarde de cette façon je la suivrais sans objection avec ou sans pourcentages.

Dans le groupe, un laisser-aller bon enfant et, disons-le honnêtement, une irrésistible envie de dormir comme une épidémie de rhume de cerveau. Les pourcentages dès le matin brutalement, ça te ferait mettre de mauvaise humeur, mais devant notre courageuse, aucune volonté de combattre : moi, quand je me prends les pieds dans son sourire, ça me rend faible de partout…

C'est la fin de notre réhabilitation scolaire, dernier week-end, plus quelques jours de vacances encore pour nous permettre de nous préparer au challenge que représente notre formation d'artistes dans l'art de la décoration florale, plus simplement, de fleuristes améliorés.

Premier contact avec ma *Cigale*

Après mes oiseaux et leur nid forteresse érigé vaillamment sur des ruines indécises, après ma Douce imperturbable, convaincue de la nécessité problématique de faire entrer dans nos cerveaux réfractaires l'a-b-c des mathématiques, ce qui me fait penser, sans moquerie préméditée, aux combats épiques que se livraient Don Quichotte et les moulins à vent, sauf que son regard à ma Douce me donnait le désir fou de lui acheter un kilo de caramels mous.

Donc nous voilà ! La *bande des 13*, après des douceurs indigestes, propulsés dans les hautes sphères de la discipline laquelle n'est pas du tout ce que l'on croit ! J'aurais dû me méfier... Bien fait pour moi.

Maintenant j'apprends sans véritable surprise je l'avoue, que les cigales ne font pas toutes que chanter et danser, j'ai la preuve devant les yeux ! Mais d'où me les sortent-ils ces femmes ? Elle est là, celle qui va remplacer notre maîtresse. Blonde, lumineuse, un Botticelli à la française. Non ce ne sont pas les mêmes ! Un sourire à vous décrocher le cœur ; pour le coup je m'attends au pire de ma part ! Sapristi ! Non seulement, elles sont belles, on excuse sans réserve, mais elles montrent des caractères particuliers, et celui de ma Cigale se situe entre le tempérament du chat de gouttière et le soleil derrière les vitres.

Elle a commencé par une attaque en règle, je n'écoute que d'une oreille ; je ne le fait pas exprès !

Je me la regarde, je me la détaille. C'est la deuxième fois que j'ai le plaisir de la rencontrer, la première c'était un rendez-vous courant d'air.

Mais maintenant, j'ai le temps ! Elle ne chante pas ma Cigale, elle cause, elle cause et elle nous engueule dans la foulée, avant d'avoir de véritables raisons pour le faire, avec un sourire de madone d'une innocence stupéfiante.

Je lui lance les premiers SOS de ma planète... rien ne l'arrête ! Je me régale, ces mains fines et légères confirment ses dires et me confirment à moi que je vais m'a-m-u-s-e-r !

Le troupeau l'écoute béat, avec une attention soutenue par la surprise.

Présentation du travail à fournir, commentaires sur les matériaux que nous aurons à notre disposition, sur nos déplacements, sur les lieux que nous allons avoir le plaisir de fleurir afin d'évaluer nos progrès et les connaissances qui devront être acquises tout au long de notre apprentissage. Et pour finir, visite au jardin et dans les serres où plusieurs jardiniers préparent et entretiennent une profusion d'espèces, arbres, bosquets de différentes couleurs et surtout des fleurs à l'infini dont beaucoup ne sont encore que des boutons à éclore au fil des matins, en nombre suffisant, pour que chacun d'entre nous travaille son tour de main et apprenne la technique et les secrets de l'art floral.

Cette prouesse de floraison sur commande qui demande

un savoir-faire et une connaissance sans faille de chaque espèce de fleur, me laissera pantoise et admirative jusqu'à ce jour…

Les jours qui suivirent furent de labeur et de plaisir.

Tout au long de ces mois, nous avons su combiner les deux, sans accrochages sauf pour rigoler, sans difficultés, puisque nous ne faisions plus qu'un, une union, une force avec en figure de prou, mon incomparable Cigale.

Au fil du temps…

Sa douceur me perd, elle m'envoie le cœur tous azimuts quand elle pose sur moi ce regard là ! Celui qu'elle a en ce moment précisément. J'ai alors envie de tant l'aimer, de tant lui plaire ! Avant d'éclater de partout, je me sauve sur ma planète, j'essaie de ne rien sentir mais dedans ça ressemble à un déménagement !
Depuis deux jours, elle se démène avec la paperasserie stupide. Les lunettes sur le bout du nez et le stylo hésitant, je me la sens chagrine comme une alouette devant la pluie. Si ce n'est pas malheureux de perdre de sa précieuse présence, pour nous la gâcher à des tâches mesquines et terre à terre ! Mais qui sont ces incompétents de talent qui mélangent, les inconscients, la lumière et les mathématiques ? J'ai envie de leur taper une belle grève-surprise, ça leur apprendra à prendre notre Cigale pour un vulgaire gratte-papier !
Dans la classe, nous sommes tous énervés, et pour certains, je vous le dit, c'est une nouveauté. Quant à moi, pour me secouer, il faudrait qu'elle arrête de me jeter sa tendresse avec les yeux par dessus ses lunettes, qui à force de glisser vont en profiter pour lui fausser compagnie… Je rigole avec fatalement un air imbécile, une pudeur soudaine

en réalisant que nous avons beaucoup de chance de nous la retrouver chaque matin, ma préférée ; ça nous est égal d'avoir froid, d'avoir un peu mal à nos vies. Quand elle arrive, quelque chose de léger s'installe dans l'air, passe de l'un à l'autre, nous soupirons d'aise comme une portée de chiots rassasiés, le soleil peut bien prendre sa journée et aller se la couler douce où il veut, avec sa présence toutes les lumières s'allument... le bonheur !

Nouvelle journée. Notre maitresse, remise de ses fades obligations, commence d'emblée à nous raconter l'histoire navrante de bestioles microscopiques qui s'attaquent aux plantes, vertes de préférence, pour se les arranger à leur façon, lesquelles plantes ne se défendent pas. Je n'ai pas compris si elles étaient catholiques ? En tous cas, entre les araignées dévoreuses, les pucerons massacreurs et autres barbares tous plus indignes les uns que les autres, j'ai bien cru un moment que ma Cigale, chatte de gouttière, tentait de nous prendre par les sentiments, mais son air moqueur, souligné de son sourire innocent m'ont rassuré ! Je l'écoute, je me régale ! N'essayez aucun rapprochement, je ne suis pas végétarienne ; simplement ce sanguinaire exposé dans la bouche de notre prof prend des allures de recettes de bœuf bourguignon : faites revenir la viande, ajoutez les oignons, les carottes, etc., le malheur des uns fait le bonheur des autres... et moi je voudrais me souvenir si carotte s'écrit avec deux r ?

Elle nous invite entre deux à prendre des notes, qui doivent nous aider à retenir les noms impossibles de ces massacreurs de rosiers.

Sa tendresse

Je pense à ces journées désopilantes, extraordinaires, à ce qu'elle m'accordait de patience, de tendresse, d'excuses. Une complicité immédiate s'est installée entre nous, bordée d'une pudeur d'amour qui mettait mon cœur dans une bulle ballotée par des vents sans violence, heureux de se laissé faire, l'incorrigible !
J'aimais surprendre mes compagnons attentifs presque terrorisés devant la vision pourtant hilarante de mon soleil qui parfois, après ses explications barbares, ressemblait à un pétard fraichement éclaté. Je passe sur les détails qui me faisaient exploser d'un rire énorme, gros d'un bonheur qui n'appartenait qu'à moi.
Et puis elle se calmait, soufflée par ses propres audaces, les lunettes de travers, les cheveux hirsutes, belle à ne pas s'en remettre ! Moi je craquais de partout, je me fendillais, je croulais d'une fête de vie qui me débordait, je dégustais ces moments uniques qui ont entrouvert en mon âme, une porte condamnée depuis mon enfance saccagée.
Drôle de vie qui s'autorise des libertés avec nos cœurs pour leur donner des coups de pied au cul, histoire qu'ils n'oublient pas qu'ils doivent se battre jusqu'à la limite du supportable, et tant pis si toute la carcasse s'en trouve ébranlée.

Horreur et damnation !

Ma Cigale ce matin s'est transformée sans avertissement en machine à calculer, persuadée il me semble, de l'utilité inévitable de nous assommer consciencieusement avec la fabrication mesquine d'une facture. Vous m'en direz tant !

Remarquez il faut la voir ! Vautrée dans le carnage comme une chatte au milieu d'une portée de souriceaux sacrifiés, belle comme une source, c'est une vision soudaine. Je ne sais absolument pas d'où elle me vient ?

Bref, je suis incapable de lui en vouloir et pourtant je n'aime pas trop quand elle joue les trouble-fête. Je parle de notre entente cordiale et diplomatique journalière. Là, c'est la trahison consommée...

Prix de vente, prix d'achat, taxes, dépenses imprévues et autres explications terre à terre... Désenchantement assuré qui dans la bouche de ma Cigale sonne comme le glas de l'essentiel. Pourvu que cette crise économico-commerçante ne dure que le temps nécessaire. Apparemment ça prend une ampleur inquiétante, elle va me mettre la matinée sur les genoux, je me la regarde sidérée, mais je réussis dans la mêlée à capter son regard, je m'y accroche ! Pas le temps de chercher des appuis ni celui de lui faire des manières, je dois la ramener sans délais à la raison, la nôtre, celle des cigales qui ignorent la comptabilité, le commerce, ou qui font comme si elles n'avaient rien entendu... Elle me sourit, le pire est passé... ouf !

Des jours comme ça, il y en a eu plein, où la *bande des 13* naviguait au gré de leçons nécessaires, de balades imprévues dans ce magnifique Périgord qui entourait de mystères et de merveilles nos vieux bâtiments qui eux, dataient de la dernière guerre ; des soubresauts de notre Cigale qui de temps en temps se prenait la tête dans la toile du règlement. Ce qui l'obligeait à redescendre sur terre et nous avec. Grâce au ciel, cet état ne durait que le temps d'un soupir... nous naviguions sur les flots de nos rêveries bleu-bonheur, tous nous nous sentions évadés de nos prisons, de nos existences banales.

Nous nous gavions de joies : Véro tellement gentille ; Christian le breton, dit Cri-Cri notre artiste incontesté ; la jolie Sophie qui, avec la connaissance des fleurs, a trouvé l'amour ; Sylvie pour le mieux, pour l'impossible, et puis Santiago la brune incendiaire qui attendait de retrouver le goût des aliments qu'elle avait perdu à la suite d'un terrible accident de voiture ; Hervé, Stéphane, Nathalie la Toulousaine au sourire permanent et, juste derrière moi Nicole : quand elle riait de son rire magnifique, j'entendais au fond de moi une petite fille qui lui répondait ; Nicole rescapée d'une grave électrocution, gardait une retenue de princesse, une générosité à toute épreuve. Un peu plus loin Françoise, Mickaël, Andrée.

Je vous aimais tous !

Mes camarades, si chers à mon cœur, qu'êtes-vous

devenus ? Qu'avez-vous gardé de nos découvertes, de nos fous rires, de notre tendresse partagée et de toutes ces leçons qu'il vous fallait retenir coûte que coûte ? Je fus la seule à avoir échoué à ce fameux examen, puisque j'étais au milieu de vous, protégée, aimée pour être ce que j'étais vraiment : un peu clown, écrivain farfelue, confidente, comédienne, cabotine, parfaitement incapable de réaliser le moindre bouquet, mais là, pour chacun d'entre vous, sans jamais faillir dans ma tendresse pour vous.

Je vous ai vu travailler avec application et apprendre sans relâche ces fichus noms latins ce qui n'était pas évident pour beaucoup d'entre vous.

De bouquets ronds en gerbes pour mariée, de couronnes mortuaires en décorations flamboyantes, vous êtes tous devenus des fleuristes, des artistes capables de magnifiques créations. Moi je me disais :

Ils roulent pour moi et jamais aucun d'eux n'a eu le moindre mot, la plus petite remarque sur le fait que j'étais là, libre de ne faire que ce qu'il me plaisait de faire. Je les faisais rire, je les rassemblais autour de moi, ils me portaient une confiance absolue et nous étions devenus les membres d'une même famille. Cette ambiance légère soutenue par notre Cigale irremplaçable a fait de ces mois passés ensemble un temps tellement heureux, qui même si nous croyons l'avoir oublié, nous a laissé une réserve inestimable de forces pour affronter de nouveau l'existence... Nous devions nous en souvenir dans les moments difficiles.

Floralies

C'est le grand départ : embarquement immédiat ! Elle arrive le sourire goguenard... Ô la perfide ! Retranchée pour de nouveaux assauts en cas d'hésitation de notre part ; inutile, Cigale nous ne résisterons pas !...
Dans un mini camion que mes femmes-maîtresses prennent pour un ravitailleur, nous chargeons des fleurs, des arbres, des plantes, des branches, des fruits, des vrais, des faux, un tas de matériaux et de matériel, haut en couleurs... via Saint-Mesmin, petit village voisin que nous allons royaliser, j'allais hésiter ! immortaliser par de grandioses floralies !
L'église du douzième siècle est déjà très belle sans que l'on vienne s'en mêler, mais là, manants de tous poils, vous pouvez vous mettre à genoux et pour longtemps, car le Seigneur, il ne va pas la quitter de sitôt son église ; devant ces merveilles, il va se rappeler que c'est sa maison, que les cigales sont aussi ses bêtes à bon dieu et que celle-là de Cigale, si elle reste silencieuse, elle chante avec ses mains, elle chante avec son âme, avec son cœur ! Elle t'a déversé tant d'amour, tant de beauté, dans cette églisette de rien du tout, elle y a mis tant de lumières que ça te ferait pleurer les cathédrales ! Parce que dans une petite église vieille de mille saisons qui se fait visiter par ma Cigale

personnelle, tenace comme un régiment de mules, même les plus incrédules s'y mettront à genoux !

C'est beau ! C'est la caverne d'Ali Baba, chaque fleur est devenue un joyau, tu découvres une grotte stupéfiante de naturel, baignée d'une douceur bleutée dans la chapelle de sainte Bernadette qui doit, de façon imprévue, se sentir comme chez elle ! L'autel où les compositions florales éblouissantes, ensoleillent d'une clarté d'or orangé le cœur de chaque pierre, et jusqu'à la voûte au-dessus du bon dieu où se découvre l'exotisme des îles, fleurs, arbres, fruits sont là comme une représentation du paradis, jardin d'abondance et de luxuriance ; à genoux je vous dis ! Mais doucement et dans le silence, juste une prière murmurée dans le cœur que seul le regard peut dévoiler.

Après la fête, les mercis, les félicitations, dans le dernier instant… ma Cigale est là seule dans le soleil couchant… je la sais vidée, fatiguée mais prête pourtant pour de nouvelles merveilles qu'elle fera naître de ses mains.

Quel plaisir d'être à vos côtés madame, quelle reconnaissance… d'un revers du cœur je me sens inutile, chagrinée, perdue ; cet instant, tout à coup, m'éloigne d'elle pour qui je ne resterai que l'élément d'un ensemble, un numéro sur une liste tellement longue ! Mon humour m'a servi de passeport, de passe-partout parfois, mais surtout de mouchoir pour les larmes qui restent dedans, Cigale, celles qui remplissent des valises, des cartons, qui encombrent la vie comme des cailloux dans une baignoire. Je croyais savoir pourquoi j'étais là… Je freine désespérément :

Moi je chante Cigale, n'oublies jamais ! J-e c-h-a-n-t-e !

& autres douceurs

Les voies submergées...

à Gigi

Ne pleure pas... il faut s'attendre à l'absence, même longue à venir, à pas feutrés, dans l'heure bleue du soir, quand les oiseaux s'endorment et que les voies submergées deviennent silencieuses...
Il y a toujours quelqu'un qui part, une porte qui bat sur le vide... aussitôt le temps immobilise les choses, elles deviennent anciennes et s'imprègnent de tristesse...
Ne pleure pas... la nuit sort douce et nue, à peine une écharpe tremblante, une aile mouvante
Sur les eaux miroitantes sorties du fleuve...
Ne pleure pas... il faut la vie qui passe, croise le bonheur, moissonne le souvenir... mais elle se presse sans trêve, impatiente comme la beauté obstinée aux pieds de nos tragédies...
Ne pleure pas... retourne à ces mensonges, à ces leurres mauves et fragiles, aux lambeaux de bonheur, aux joies marchandées...
Enveloppe ton cœur d'un linge glacé, ta bouche trouvera les mots qui diront les chimères, les désirs arrogants, la complaisance et l'ensorceleuse volupté...
Le sacrilège éblouissant, la danse troublante, la délicieuse tromperie... que te dire que tu n'apprendras ? C'est un

poème, une incantation… les caprices du soleil, la flamboyance de la pluie…

C'est cette heure bleue du soir, sur les voies submergées entre Maine et Loire…

Il y a déjà une vie…

Avec le temps....

J'ai vaincu le dragon vert, le temps tourne la tête... connivence passagère avec cette femme devenue ce feu follet joueur, à qui une folie somptueuse offre enfin la liberté d'échapper à ce temps, à ses heures, à ses arbitraires décisions.

Temps dupé, contraint de subir la désinvolture du hasard et de se soumettre à son tour au bon vouloir d'une destinée ayant rompu ses amarres... car, s'il est affligeant de partir en pleine possession de ses moyens, en embrassant d'un regard torturé le temps vertigineux que nous laissons derrière nous... quelle grandiose plénitude de rester de ce monde sans plus savoir qu'il faudra le quitter ! Ignorer cavalièrement qu'il y ait eu une échéance, ne plus savoir qu'il avait fallu un premier jour intemporel, négligeable, et de ce perchoir assassin, être allé bille en tête, s'attaquer à cet imbroglio qui n'a ni rime ni raison, que l'on appelle existence...

Ainsi, venu le moment de l'heure coupable du dernier jour, dans l'ignorante quiétude d'un esprit délirant... se dire innocemment qu'on reviendra plus tard... et puis, se décider sans bousculade, badaud désinvolte, curieux de son propre départ, souriant gracieusement à ces visages tristes qui se penchent en murmurant des mots prudents, des mots qui essayent, sans trop mentir, d'habiller de délicatesse cet instant exceptionnel, mais il faut le dire, également blâmable quoi qu'il en soit...

Enfin, et pourvu que la souffrance se soit tenue loin de cette heure ronde et dépouillée... aller sans défaillance, comme on va rendre une robe empruntée à une amie... aller, en s'octroyant malgré tout, une ombre de lassitude voulue comme une excuse, ou pour donner le change... et s'abîmer sans regrets, dans la profondeur du néant.

Je suis dans le palais d'un Pacha... une fille trop belle danse, elle ondule, tourbillonne... derrière les paupières closes, doucement la lumière renonce, le cœur effeuille sa marguerite... je t'aimais, un peu, beaucoup....

Le dernier souffle se mêle au vent pour courir vers son étoile.

Une secrète mélancolie

…Une secrète mélancolie sur son beau visage, révèle plus encore la beauté délicate de ses traits, qu'il méprise comme un mensonge, niant l'évidence que démasque pourtant, le regard confondu des passants.

Quelle désespérance, quelle lie amère forcent son être, emprisonnent ses joies, assombrissent sa lumineuse présence ?

Sans fard il va, penché sur sa peine oppressante, au milieu des soupirs de ces témoins désolés.

Infortune tristesse dans ses yeux débordants de douceur, où malgré lui, égarée, la minutieuse enfance lève un voile, un sourire tremblant, une permission bienveillante.

Mon amour, les bras ouverts, étreignent son corps qui cède foudroyé, sous le mal d'une longue déchirure.

Et sur son visage levé, la lumière dorée du jour finissant, encense l'envoutante beauté… le sceau de l'impérissable chagrin.

A votre beau visage, Monsieur « Bel ami ».

Le vieux paysan…

Il reste un goût de terre sur les lèvres du vieux paysan…

De la terre fondue dans la peau de ses mains rendant cette couleur de vieux parchemin que le temps ennoblira avant de détruire.

Encrée dans les plis de son visage, comblant de brun doré les rides profondes aux coins de yeux, les ravines de mystère qui marquent ses joues.

La terre qu'il a épousé sans se méfier et qui depuis ce temps se nourrit de sa sueur et de sa vie en le tenant penché au dessus d'elle comme une femelle vorace.

Elle cimente la vieille casquette qui parle une langue ancienne à quatre cheveux frileux.

Brique vestes et pantalons, inventant un drôle d'épouvantail qui reste les pieds plantés dans les tranchées noires de sa mémoire…

Il porte ses regards au-delà des horizons, toujours attentif aux nuages, au vent, celui qui mauvais, couchait les blés, après en avoir saccagé les épis dorés.

Il attend que revienne, avec ses souvenirs, la silhouette légère qui dansait sur le chemin, une main posée qui retenait un coquin canotier de paille… un bras blanc qui lui faisait de grands signes, l'invitant à cesser la tâche pour déjeuner à même la terre, possessive jusque dans l'intimité de leurs tendres abandons.

Ils pensaient, d'années en années, qu'ils pourraient se défaire d'elle, qu'un jour ils partiraient, qu'ils iraient travailler à la ville, porteraient le costume et la robe fleurie… ils pensaient… Mais le temps a filé comme un gredin ; quatre sous pour tant de peine, n'ont certes pas suffit à payer le voyage, et avec le temps, la force et la jeunesse sont restés à la terre… Un jour, il avait fallu lui donner son amour… sa belle s'en était allée, à bout de force et d'espoir, en emportant son cœur à lui et ce qu'il lui restait de courage.

Sous les Ormes du vieux cimetière il ira la rejoindre, et une dernière fois, il s'inclinera… une dernière fois…

Un cœur trop grand...

Le bourricot qui envisage de se pendre à l'aide d'un rouleau de fil électrique, fil électrique à peine plus gros que l'épaisseur d'un fil à coudre, est mon ami Jean, dit « Jojo »... mon meilleur ami...

– Jojo, laisse moi te dire qu'il est presqu'impossible de se pendre dans un sapin, à moins d'y mettre beaucoup de conviction...

– Ah ! Et comment tu le sais toi, le grand savant qui sait tout ?

– A cause des branches, couillon ! Tu vois bien qu'elles tournent autour du tronc et ne laisse pas assez d'espace pour allonger les jambes sans se cogner dans l'une d'elle... c'est pour cela que l'on choisit les chênes ou les noyers pour se pendre !

– Qu'est-ce que tu me parles de noyés ? Et puis n'essaie pas de me faire changer d'avis, c'est irrémédiable !

– Je suppose que nous devons cette innovation à ta Louison ?

– Oui, et cette fois c'est pour de bon : elle m'a dit sans trembler et en me regardant droit dans les yeux :

– Jojo je te quitte !

– Mais bon sang de bonsoir jojo, ça doit faire cent

cinquante fois qu'elle te quitte ta Louison, et autant de fois qu'elle revient... tu veux que je te dise ? C'est Pomponnette qu'elle devrait se prénommer ta Louison...

– Et alors elle a le droit de changer d'avis non ! Et moi de l'aimer comme un fada... je ne me sens pas de vivre sans elle, alors je préfère m'en aller...

– Jojo ! D'abord ça ne se fait pas de venir se pendre un dimanche matin dans le jardin d'amis qui on eut l'amabilité de nous inviter à déjeuner, et puis tu connais Brigitte, elle va se mettre en pétard si nous laissons son gigot refroidir ! Donc je te suggère aimablement d'attendre la fin du repas pour mettre ton projet à exécution. Pour finir, étant ton ami, je veux t'avertir gracieusement que ce fil électrique va te rentrer dans la peau, qu'avec un peu de chance tu risques carrément d'y laisser la tête, tu vas bougrement te faire mal sans pour cela obtenir le résultat escompté... décapité ! C'est ça que tu veux ?

– Qu'est ce que tu me conseilles alors ; après le gigot et les flageolets, tu sais que je risque de m'assoupir ; j'aime me faire une petite sieste après le déjeuner... du coup je me tâte...

Un flottement de bon aloi, prouve que mes propos quelque peu exagérés et sanglants ont entamé la résolution déraisonnable de ce toqué sentimental...

– C'est aussi bien mon vieux, ça va nous donner le temps nécessaire de penser à la façon de procéder ; où et comment... si tu tiens toujours à mettre ton fumeux projet à exécution...

Je ne suis pas certain que demain mon « jojo » retrouvera

l'élan, par ailleurs terriblement contestable, que lui a influé sa trop tendre moitié.

Louison... belle avec un cœur d'artichaut et une cervelle de pois chiche... gentille, pas compliquée, mais totalement adultère au grand désespoir de mon pote Jojo, qui du coup a recours régulièrement à la tentative de suicide, heureusement manquée tout aussi régulièrement.

Cachets, noyade, strangulation, qui lui a valu une extinction de voix pendant plusieurs semaines, sans oublier les veines tailladées, sans succès, et ce nouveau obi : la pendaison dans un sapin... Je dois reconnaître à mon ami une certaine ténacité et de la suite dans les idées.

– Robert
– Oui
– Il te restait bien de la corde dans ton bateau ?
– Ah non ! Tu attends demain s'il te plaît...
– Je ne te promets rien, ça va dépendre... mais puisque tu parlais de m'aider, je crois que ta corde fera l'affaire... me reste plus qu'à trouver un arbre convenable...
– Décidemment ! Tu es cinglé...
– Peut-être ! Mais je veux seulement mettre fin à mon agonie.
– Diantre ! Tu ne crois pas que tu exagères là ? Tu te rends compte que ça tourne au mélodrame ton truc ?
– Et alors, oui c'est un drame... le mien et je ne t'autorise pas à minimiser le poids de mon chagrin....
– Comment ! Tu oublies les heures passées à t'écouter vanter les prouesses amoureuses de ta Louison, à te consoler durant ses escapades, à te déménager, à te ré-emménager...

tu dois comprendre que ton chagrin a un goût de réchauffé… et là subitement j'ai une furieuse envie de t'étrangler !

– Ben tiens, tu me ferais plaisir !

Soudain un appel impératif !

– Tu entends Jojo, Brigitte qui s'égosille… tu ne veux pas te fâcher avec nos amis tout de même ?

– Non, évidemment !

– Alors dépêche-toi de descendre de ton perchoir ; attention voyons ! Tu vas vraiment finir par te tuer pour de bon…

– Je t'en prie ne m'agace pas, tu me fais perdre mes moyens.

– Roberrrrrr… Jojoooo où êtes-vous ? A taaaaaaable ! Jojooo !… Louison vient d'arriver… mais où ils sont ces énergumènes ?

Tremblant comme une feuille, perché sur sa branche, le rouleau de fil électrique autour du cou et l'air idiot… mon Jojo n'a entendu qu'une chose… sa belle épouse est déjà de retour ! Je me retiens d'exploser, mais quand même…

– Je ne voudrais pas faire de commentaire trop désobligeant, mais tu remarqueras qu'elle a fait plus vite que d'habitude…

– Tu ne vas pas le lui reprocher quand même !!!

– Quelle mauvaise foi !

– Pourtant j'étais certain…cette fois que…

Son air idiot se maintient au beau fixe…

– Merde ! Maintenant que tu es de retour sur la terre ferme, je t'avertis, un mot de travers je te mets mon poing sur la gueule !

– Pourquoi cette violence ? C'est moi qui ait souffert il me semble...
 – Toi qui as souffert ! ? Souffert d'être assez bargeot pour aller faire le merle dans ce foutu sapin ; juste aujourd'hui... chez nos amis... dis-moi quelque chose de sensé vite !
 – Toi alors ! Tu aurais préféré m'enterrer ?
 – Jojo tu me rends fou... !
 – Bon mais tu ne te sépares pas de ta corde hein... on ne sait jamais.
 – Oh si je sais ! Je sais mon Jojo qu'à moins d'un miracle...

A cet instant le miracle apparaît...vêtu d'une affriolante robe rouge coquelicot, un sourire de madone sur les lèvres, les bras tendus vers mon vieux pote... qui ne fait même pas semblant d'hésiter... comment lui en vouloir ? Je sais que le miracle c'est lui, lui et son amour au-dessus des mesquineries, des convoitises.

J'en connais une qui doit fulminer devant son gigot flageolets... si elle savait !

Des nuages dans le ciel…

Des nuages blancs sur le bleu du ciel…
Azur gribouillé comme un dessin d'enfant
par ces nomades qui emportent des images impossibles
que nous inspirent leurs mouvements incessants…
Ils naviguent et chavirent…
Ainsi vont mourir, sans autre forme de procès…
Des éléphants en colère…
Des arbres sans feuilles…
Des planètes éphémères…
Des coeurs sans corps…
Des corps sans têtes…
Des lions débonnaires…
Des licornes gracieuses…
Des chevaux galopants…
Des montagnes enneigées…
Des châteaux sur des lunes…
Des chevaliers en armure…
Des colonels sans armées…
Des boites mystérieuses…
Des fleurs qui se fanent…
Des voiles de mariées
qui dansent dans le vent…

La mer dans le ciel…
où croisent des navires…
Des voiliers fugitifs.
Des nuages blancs accusent le bleu du ciel,
et leurs reflets qui balancent
dans tes yeux rêveurs…
Des pensées qui t'emportent
dans des pays lumineux…
Une main fine
sur un ruban de dentelle…
Des maisons, des jardins…
Des prisons…
Nuages intouchables…
qui s'effilochent…
volent et s'envolent…
Du rien comme les rêves,
qui nous délivrent sans
violence…

Clairs-obscurs...

Dans cette chambre de clairs-obscurs secrets, où se grave sur les murs la lente agonie de mon amour...

Dans cette prison, si douce au cœur du temps, que n'effleure qu'un filet de ciel qui garde sur ses pages, ton cri d'homme qui comme un animal pourtant, gémit sourdement sa plainte, portée par le fugace et absolu bien-être, pour lequel les gueux détrônent les dieux, et les princes abusés abandonnent des royaumes...

Toi au creux de ma couche, tu ne peux t'avouer la douleur d'être sans joie au-delà du plaisir et de la volupté... loin de celle qui au fil des jours, efface votre histoire, oublie ton visage, oublie ton nom...

Sans bonheur pour ce corps étranger que je t'offre, qui si mal, soulage ta chair mais laisse ton âme dans son indicible souffrance...

Cette femme qui tremble dans tout son être, se débat emprisonnée dans son amour pour toi, avoue sa défaite...

J'ai baisé ton visage... j'ai caressé ton ventre... et je t'ai menti... je forçais mon sourire et ma désinvolture, en te regardant partir chaque fois, emportant la partie abîmée de moi, mêlée à tes tourments.

Que cesse ce délire, que le désir se meure enfin... et avec ta satiété de moi, ton recul et ton abandon... que commence doucement mon crépuscule.

Il n'y a pas de vainqueurs mon amour... comme il n'y a pas d'amours heureux.

Quelque part sur la terre.

Apprendre les murs, les barbelés, apprendre les marécages, les sables mouvants…
Apprendre le mensonge, les coups, devenir doués… Survivre. Le jour se lève de l'autre côté de la terre avec le mal et les hommes…
Les bras armés, la haine au cœur, la colère aveugle…
Apprendre la guerre, les cris, les suppliques, abandonner l'espoir aux portes des enfers que ces hommes ont inventés… Par les dieux interdits, les mains séparées, les mères déshabillées…
Et sur les visages hagards, dans les yeux des morts vivants, l'indicible révélé.
Apprendre… hier, aujourd'hui, demain… apprendre et se souvenir.
Dans le vent, des cendres…
Est partout le chant du cygne…
Coupables.

Cherche la terre...

Cherche la terre sous les dalles grises... dans la miséreuse verdure qui affronte le pire et émerge des fissures du béton pour retrouver le soleil...

Cherche comme elle l'air qu'il te faut pour survivre... un morceau de ciel de ton HLM sans lumière, où les hommes se tiennent à genoux...

Ta liberté dans le couteau planté au flanc des maîtres, comme l'esclave enfui, qui tranche la gorge de son frère pour ne pas se résigner avec lui...

Vois ! Comme ils ont mis sur nos routes, plus de haine que n'en réclamaient nos violences ...

Nous n'irons pas ensemble où nos rêves nous invitaient... les pavés sont durs, l'herbe folle n'aura tenue qu'un jour, qu'une nuit... Veules, nous évitons de nous souvenir que cette terre niée, maltraitée, sera notre dernière escale.

Tu cours comme un fou poursuivi par des démons que tu es seul à voir, une heure de retard, c'est une heure sans salaire... une heure sans sueur, une heure de liberté... où retrouveras-tu le prix des choses, sans contentieux ni débordements ? Seulement la valeur et le poids de ce qu'elles ont de nécessités et d'obligations...

Elle portait le nom de « JUSTICE » sur son front « MA France »...

Avec celui qui lui allait si bien « LIBERTÉ » ! Ne parlons pas de Fraternité ! Celle là est morte entre nos mains et sur nos lèvres de mensonges ; piétinée, bafouée, emprisonnée dans les cœurs ensevelis.

Avec les clés de notre quotidien sans surprise, nos existences au rabais... nous leur offrons l'espérance mégalo de pouvoir tout posséder... pourquoi se priveraient-ils ? Ils pèsent lourd ceux qui comptabilisent les heures de ton labeur... Baudruches tapageuses pour les pantins de papier que nous sommes... misère pour misère souviens-toi frère d'une certaine révolution où il était plus digne de mourir que de rester des survivants...

Nous avons vaincu le diable et autres malins, pour ces mots ensanglantés au front de « MA France »... nous avons perdu nos pères...et les fils des Amériques, d'Irlande, d'Ecosse, d'Espagne... pardon à tous les autres venus de partout...

Venus mourir sur la terre de France, dans ce pays que l'on dit être celui qu'aurait choisi le bon Dieu pour vivre sur terre.

Les vents rougis marquent ceux qui meurent à nos pieds, aux portes de nos maisons, abandonnés comme des chiens... la conscience succombe devant nos impuissances... morte ou endormie pour ne plus pleurer nos désespoirs

Et mourront de faim, de froid les bougres qui sont nés en dehors des clous... du mauvais coté du trottoir... il suffit de cela, de si peu !

J'aime à rire trop fort, en leur rappelant que les « putains » qu'ils couchent pour dépenser leur trop plein de gros sous, ou pour couronner quelques contrats commerciaux de grosse rentabilité, finissent avec le temps devant le seuil de leur demeures, et sur les trottoirs de tous les pays...

Voyez comme ils sont fiers ces hommes en brandissant une virilité dont ils dépendent comme le bourreau dépend du condamné ? Fiers devant leurs épouses, leurs filles, leurs mères... qui un jour peut-être... croiseront la route d'autres « conquérants » tout aussi peu scrupuleux d'afficher leurs médiocrités, leurs impudeurs, devant la misère du monde.

Ils possèdent de belles voitures, s'envolent vers des pays que l'on dit enchanteurs ! Vous savez ? Comme celui ô combien prisé, où des petits enfants subissent l'infamie derrière les murs sales de bordels autorisés. Vive le tourisme !

Vive les touristes qui n'ont plus besoin de se cacher ou de faire semblant... puisque ceux qui gouvernent ces si « merveilleux » pays empochent les bénéfices de cette ignominie !!! Ça dure, ça dure, la merde !

J'ai rêvé d'un autre monde... mais rêver !... quelle foutaise ! C'est fuir la réalité, la bannir, pas la remplacer, pas la racheter... A quand les fusils, les canons, les bombes ? A quand la grande déchirure pour se retrouver tous, avec un peu de chance, devant la même fatalité, le sempiternel constat... faire et défaire... .et recommencer...

Aux armes citoyens !...mais où sont-ils ?

Au nom de ma liberté

Je n'ai pas changé de monde, je vous regarde toujours de ma prison sans barreaux, derrière des murs invisibles. J'ai essayé de vous rejoindre sur ces routes que vous suivez, j'ai couru, appelé, mais j'ai dû renoncer, vous ne m'avez pas entendu, et quand vous vous êtes retournés... je n'étais plus là...

Les hommes en blouses blanches parlent de folie et me regardent d'un air navré. J'ai peur de leur hochement de tête, de l'incertitude dans leurs yeux, incertitude qu'ils se cachent mutuellement, pour avoir l'air de garder la supériorité, dans un savoir qu'ils ne possèdent pas...

Comment vont-ils s'avouer, que ce qui se passe dans ma tête les place devant leur totale incompétence ? Je voudrais tant qu'il y en est un, un seul qui ait le courage de penser et de dire, que c'est juste une récréation de la nature, que par coquetterie ou lassitude, voilà qu'elle a voulu faire la maligne et que moi, j'étais là malencontreusement... je traversais la route dans le ventre de ma mère ?... Et ma mère, peut-être est-elle complice de cette sottise ? Les mères veulent tellement être enviées pour l'intelligence de leur progéniture... Apprenties sorcières ou seulement malchanceuses ? Comment m'accorder avec ce jeu de hasard, qui fait de moi le « fou » de rois en blouses blanches complètement dépassés par cette inconvenante surenchère dont ils sont les dupes, et plus à plaindre que moi, puisqu'eux sont persuadés de connaître ou de découvrir le vice caché de cette machine qui de ma tête gouverne à l'envers ma misérable personne...

Mon cerveau n'a pas accepté la malversation, il s'est embrouillé tout seul en tenant tête aux combinardes, et il est en panne de communication, un mélange de gauche et de droite, d'ombres et de lumières, de passé, d'avenir, d'amour et de haine... tout cela avec une innocence indiscutable. Mon passager clandestin se fout des convenances et des habitudes, il m'impose de vivre avec nonchalance, oisiveté, et je n'ai qu'un souhait, une seule envie, celle de ne rien faire ! Je me prosterne devant le dieu irrévérencieux de la folie douce, du sans importance, du revenez demain, du qui dort dîne, du rien ne sert de courir nous y allons tous...

Ces toubibs de l'angoisse ne prient pas le même dieu ; comme ils mélangent les fous, ils mélangent les formes et rejettent les audacieux qui n'ont pas l'heur d'être répertoriés dans leurs manuels de savoir ! Mais moi je sais que folie ou pas, cette nonchalance je l'aurais eu quand même, c'est moi, et je veux que cela reste moi ! C'est pour ça que je supporte fort difficilement l'agitation superflue qui sévit autour de moi et me fatigue la tête encore un peu plus !

Et puis enfin ! Rien n'est insurmontable ! Il faut qu'ils acceptent de me laisser vivre au ralenti, et qu'ils acceptent comme je l'accepte moi-même, les échappées impromptues de ma cervelle indolente... pas la peine d'en faire une maladie !

Je ris devant leurs mines déconfites ; forcément ma désinvolture les agace. A croire que cette inconséquence de la nature concerne directement l'intégrité de l'organe d'où ils puisent leurs vaniteuses certitudes d'être pour chacun d'entre eux, supérieurs aux autres nous y compris, les flegmatiques provocateurs !

En tous cas, ils sont drôlement sérieux dans leurs tenues réglementaires !

Je ris de plus belle, je ferme les yeux parce que je sais au fond de moi, qu'entre ma tête et mes pieds, dans ce corps en errance, s'ils veulent en ignorer les détails, ils vont avoir beaucoup à faire ces pourfendeurs de différences !

Déjà on l'assomme de questions…

Mais si fou je suis avec une cervelle à l'envers, comment ce fait-il que les questions posées soient les mêmes que pour ceux qui ont semblent-ils, une tête bien comme il faut avec les neurones alignés dans le sens de la marche ! Ils disent qu'ils veulent comprendre !

Les malins !… comprendre pourquoi ses silences ? Ses rires qui jaillissent et ressemblent à ceux d'un d'enfant simplement heureux… Comprendre ses larmes soudaines qui brouillent son regard… Comprendre ses peurs comme des bribes de repentances venues d'une vie redoutable qu'il aurait désappris.

Il regarde un nuage qui s'étire dans le bleu du ciel… il est ce nuage joueur quelque part loin d'ici, loin de ces gens qui se veulent parfaits en face de sa déraison.

Il se murmure doucement, conciliabule entre lui et lui, des mots qui engourdissent la révolte dans sa tête, là où se blottit ce mal étrange qui ne dit pas son nom... pas comme ces grandes guerrières aux appellations contrôlées, schizophrénie, démence, qui ont reçu comme qui dirait leurs lettres de noblesse ! Plus difficiles à caser dans ce vocable aux contours sans équivoques, tous ces « petits » noms à peine acceptables : le retardé, l'arriéré, le débile, ajoutant « léger » pour adoucir la violence de ce qui ressemble à une accusation... des noms impossibles à certifier !

Peut-être que ce mal, il n'en a pas de nom justement ! Parler de défaillance et de folie c'est nous vouloir tous pareils, comme tous ces gens qui parlent de ce qu'ils aiment, de ce qu'ils font et nous affirment que nous devons faire et penser comme eux... Ont-ils la science infuse ? Ils se trahissent, ils se mentent, ils disent même que ça leur fait du bien, comment ont-ils réussi à s'en persuader ? Seul contre tous ai-je forcément tort ?

Me poser sur la plus haute branche de l'arbre géant qui nous sert généreusement de parasol sans chercher midi à quatorze heures !

La tête en bas pour regarder le monde qui ne veut pas de moi. Ma tête en bas ? elle ne risque rien, ainsi elle serait peut-être dans son sens à elle ?

Battre de vitesse leurs interrogations vicieuses et ne rien leur laisser ; même pas ce corps qu'ils méprisent comme si seul mon cerveau avait quelque intérêt et que le reste de ma personne ne représentait qu'un superflu farfelu, une quantité négligeable !

Oui ! J'aime la violence de mes exils, mes pensées qui embrigadent la réalité, l'incohérence de mes besoins... Et ces docteurs avec leurs arguments minables, qui s'approprient ma destinée... arment ainsi ma folie d'hypocrisie et d'une inquiétante lucidité que j'ignorais posséder.

On se moque de mes rêves, de mes envies, on se moque de ma vie ? De ma vie de l'autre coté de ce mur où cogne mon imprudence et qui empêche mon regard de contempler les choses que je pourrais aimer, les humains entrevus... qui n'en finissent pas de courir.

De quoi souffrent-ils ceux qui courent ? Sont-ils condamnés à fuir un mal, qui lui non plus ne dirait pas son nom ?

Soudain une explosion dans sa tête, des lumières dansent devant ses yeux, il applaudit et se lève... brusquement les arbres deviennent des chandelles que le soleil enflamme, le bleu du ciel disparaît. Il ouvre grand ses yeux, la beauté naît de son âme, il n'y aura personne pour contempler avec lui les lumières, les couleurs, les feux chatoyants qui embrasent le triste décor de ce lieu où il faut forcément toute la folie du monde, la vraie, pour avoir le courage insensé d'y vivre, de gré ou de force...

Dis-moi si tu peux

J'ai craint chacun de mes pas, tu sais ?

Comme j'ai écarté nombre de mes rêves souvent, pour qu'ils n'aient pas à pâtir de la réalité...

Peux-tu voir les murs qui barricadent l'existence de chacun d'entre nous avant la grande liberté ? Et sais-tu s'il me reste à franchir d'autres obstacles avant les prairies où reposent nos absents ?

Et puis dis-moi... dis-moi s'il y a un ciel où nous allons ? Un océan ? Des chiens ? Est-ce qu'il y a des bateaux ?

Tu as revu ton ami ? Tu te souviens, celui qui n'avait pas voulu de la vie... j'ai oublié son prénom.

Ici bas comme tu peux le constater, rien ne change vraiment, si ce n'est la puissance grandissante des ânes... que l'âne me pardonne !

Je n'ai plus peur... j'attends... est-ce normal ?

Dis-moi si c'est important d'ignorer autant de choses ? Parce que tu le sais n'est-ce pas, qu'une vie ne suffit pas pour apprendre et tout retenir... le jour venu je ne posséderai, tu peux me croire, qu'un bagage fort léger, un savoir dérisoire pioché dans l'étendue sans espérance de mon misérable territoire... tu as appris à tes dépens, que nous n'avons que le choix que nous laissent les puissants.

Pourtant ils nous font toujours autant de promesses, comme celle de nous rendre égaux devant la vie… les fous !

La justice s'accorde complaisamment de ce monde perdu…

Mon cœur bat pour un homme… tu vois mon cœur n'en finit pas de me martyriser.

Un nouveau et fragile bonheur, un autre fardeau, un ultime abandon…

Je vais comme je suis, et si le corps se renie, fauché par le temps, l'esprit se garde de renoncer.

Si jamais tu peux intercéder en ma faveur ? Il y a tellement de temps que tu nous as quittés, que tu dois avoir une bonne place là-haut ? Alors si tu as la possibilité, dis-lui que je veux rentrer…

Table des matières

La Cigale

- 9 Une année particulière
- 13 Les premiers jours...
- 17 Passe le temps...
- 19 Et des jours...
- 23 Nous revoilà...
- 25 Après congés...
- 27 Premier contact avec ma *Cigale*
- 31 Au fil du temps...
- 33 Sa tendresse
- 35 Horreur et damnation
- 39 Floralies

& autres douceurs

- 43 Les voies submergées...
- 45 Avec le temps...
- 47 Une secrète mélancolie
- 49 Le vieux paysan...
- 51 Un cœur trop grand...
- 57 Des nuages dans le ciel...
- 59 Clairs-obscurs...
- 61 Quelque part sur la terre
- 63 Cherche la terre...
- 67 Au nom de ma liberté
- 73 Dis-moi si tu peux

Dépôt légal :
4e trimestre 2011

Edition :
BOOKS ON DEMAND
Paris 8

Impression :
Books on Demand GmbH

Printed in U. E.